QUESTIONS

SUR LA RÉVOLUTION DE 1830.

QUESTIONS

SUR LA RÉVOLUTION DE 1830,

PAR

LE BARON MASSIAS.

> *Et consilia et modos.*
> (HORACE.)
>
> Ce qu'il faut faire, et la manière dont il faut le faire.
>
> *Fas odisse viros, sacrata resolvere jura.*
> (VIRGILE.)
>
> Il est permis de les haïr, et de rompre un pacte autrefois sacré.

Prix : 1 fr. 50 c.

PARIS,
IMPRIMERIE DE A. FIRMIN DIDOT,
RUE JACOB, N° 24.

1830.

QUESTIONS

SUR LA RÉVOLUTION DE 1830.

Les immortelles journées des 27, 28, 29 juillet 1830 ont offert un spectacle dont les annales des nations ne présentent point d'exemple, dénoué et accompli un grand fait social qui mûrissait depuis quarante ans, et dont la marche rétrograde avait été frauduleusement organisée à la rentrée des Bourbons.

Le roi qui vient d'abdiquer, dont les monarchistes (1) vantaient les graces et les sentiments chevaleresques; qui, en franchissant nos frontières, avait dit : *il n'y a en France qu'un Français de plus*, démentant à l'instant même ces

(1) La différence entre les monarchistes et les royalistes est que les premiers veulent un roi pour leur propre usage, tandis que les autres le veulent pour l'utilité publique.

paroles, abandonna d'un trait de plume les limites conquises par nos armes, démembra l'ancien royaume, démantela notre belle patrie, la dépouilla de ses canons et de ses vaisseaux, et la livra pieds et poings liés aux étrangers, dont il se facilitait au besoin la seconde et lointaine protection.

Chef d'un gouvernement chargé d'entraver, miner et renverser le gouvernement ostensible de son frère, qui lui était de beaucoup supérieur en vues politiques et en sentiments généreux, il prit pour collaborateurs de son œuvre les membres de la CONGRÉGATION, qui, pareils à d'innombrables tarets, perçaient et rongeaient dans l'obscurité les digues et le vaisseau de l'état. J'ai connu des personnes incapables de mensonge qui m'ont assuré avoir vu, il y a dix ans, des diplômes de *la confrérie de Saint-Joseph* signés du comte d'Artois. C'est à cette vénéneuse affiliation qu'il doit sans doute d'avoir perdu ce que son esprit et son caractère avaient de vrai et de droit, et son cœur de bon et de loyal. Congréganiste et bigot!.... M. de Montlosier lui prophétisa en vain le sort qui l'attendait des menées et de l'amitié du parti-prêtre.

Repoussant l'élan des Français qui ne demandaient pas mieux que de l'envelopper de leur amour (1), haïssant ceux qui s'étaient ruinés pour lui dans son exil et ne les payant pas, antipathique aux esprits élevés et aux cœurs généreux (2), ne sympathisant qu'avec l'obséquieuse médiocrité, se croyant habile parce qu'il savait être fourbe; n'ambitionnant, disait-il, que le bonheur de la France qu'il chargeait Dieu de rendre heureuse (3), craignant, quant à lui, qu'elle ne fût forte et florissante; détruisant la justice par la légalité, la Charte par des interprétations; ne voulant pour conseillers que des valets, pour administrateurs que des hommes sans conscience, pour sujets que des ilotes, pour officiers que des exécuteurs de coups d'état, pour soldats que des machines à meurtre; ne sentant ses forces qu'en s'excitant à l'obstination, tranquille du reste sur son serment de Reims, que ses prêtres entre les mains de qui il l'avait prêté lui avaient rendu; prédestiné à la catastrophe qui devait éteindre sa dynastie;

---

(1) Qu'on se rappelle son voyage dans l'Alsace, dont les sentiments étaient ceux de toute la France.

(2) Il détestait surtout cordialement et théologiquement M. de Châteaubriand.

(3) Dans ses harangues, c'était toujours le thème favori, le refrain obligé.

poussé dans l'abîme par ses alentours, son éducation et son caractère, il alla au-devant de son sort en appelant à lui et s'incorporant ce ministère néfaste, plus imbécile encore que criminel (1), plus vil encore que scélérat, puisqu'il profitait de la ruine des citoyens que lui-même avait causée par la baisse des fonds, et que vaincu, il a rejeté ses torts sur son maître; de ce ministère, enfin, capable à lui seul de perdre dix rois et dix royautés.

Après s'être ainsi pendant quinze ans évertué à démolir sa fortune de ses propres mains, il émet les ordonnances insensées. Le voilà roi de fait et hors de la loi, dans la sécurité d'une conscience congréganiste disant avec toute sa cour (2) que ce n'était rien, qu'il ne s'agissait que de châtier une poignée de factieux et de mutins, que quelques heures et un peu de mitraille en feraient raison; se promettant au reste de racheter son péché, s'il y en avait un, et de re-

---

(1) Paroles d'un pair.

(2) Dire que Charles X était *féroce* est une expression non-seulement inconvenante, mais encore impropre. Dans le caractère paradoxal de ce despote, il n'y avait point assez d'étoffe pour qu'il allât jusqu'à la *férocité;* mais néanmoins il est impossible de l'absoudre des suites des ordres cruels qu'il a donnés ou laissé donner. Saint Augustin disait : *Tu*

conquérir l'amour de *son peuple* en se montrant clément et bon sire aussitôt qu'après quelques exécutions exemplaires on aurait consenti à ce qu'il fût roi absolu, ce qu'en tout cas il obtiendrait de la victoire.

La victoire!... Ses courtisans la lui promettaient infaillible : mais PARIS EST LA! l'héroïque Paris, dormant avec sécurité dans l'attente des députés convoqués pour le 3 août par de menteuses lettres closes signées de la même main et à peu près aux mêmes époques que les ordonnances parjures. Celles-ci parurent dans le Moniteur le lundi 26, et elles ne furent généralement connues qu'à deux heures après midi. Vers ce temps je parcourus quelques endroits publics de la capitale. Sur toutes les physionomies je vis étonnement mêlé d'indignation ironique. Les misérables, semblait-on dire, ils ont jeté le masque, nous verrons! Le soir, dans toutes les familles, dans toutes les

---

n'as pas nourri le pauvre, tu l'as tué. A plus forte raison peut-on dire à Charles X : *Tu as ordonné de mitrailler ton peuple, tu l'as mitraillé.* En tout état de cause, je n'aurais point voulu que l'ex-roi, pour soutenir son dire, eût eu besoin d'être méchant et féroce. La chasse par battues, telle qu'il s'en donnait quelquefois le passe-temps, est un apprentissage d'inhumanité.

réunions il ne s'agit que du coup d'état. Quelques complices exceptés que la crainte empêche de manifester leurs vœux, leurs espérances et leur joie, il n'y a qu'une voix et qu'un sentiment, voix et sentiment de haine et de désespoir mêlés de mépris.

Le 27, le peuple et les hommes du gouvernement se mesurent des yeux ; chaque parti attend que l'autre parti commence ; c'est le calme précurseur d'une effroyable tempête. Des groupes de citoyens se forment de toutes parts (1), les écoles fermentent et se mettent en mouvement ; des *houra* retentissent. La gendarmerie, la garde, la ligne, commencent les hostilités, fondent sur des hommes désarmés, les foulent sous les pieds des chevaux, les percent de leurs baïonnettes, les sabrent, les mitraillent. Les citoyens acceptent la mort, cherchent à la donner, et demandent des chefs et des armes.

---

(1) Ce jour, le fils de l'auteur, ancien officier de cavalerie, rassembla quatre-vingts gardes nationaux, avec lesquels il se battit trois jours et trois nuits sans presque prendre aucun repos ; ce dont il a obtenu un honorable certificat de ses frères d'armes, de sa municipalité et de M. de Lafayette. Son gendre, ancien officier de la garde impériale, mérita, par sa belle conduite, que la garde de la représentation nationale lui fût confiée.

Le 28, d'honorables députés signent une protestation, en ceci devancés par de jeunes et courageux journalistes; un gouvernement provisoire est nommé; le nom et la personne de Lafayette se fait entendre et apparaît comme un mot d'ordre qui réveille le souvenir de deux mondes, et comme un étendard de ralliement à la garde nationale licenciée par une prévoyante perfidie. Des chefs sont nommés; on fait arme de tout; les arbres des boulevarts sont abattus et placés en travers; les rues sont dépavées et barricadées de distance en distance; l'on attaque autant qu'on se défend; les agresseurs chancellent; la troupe, dont les dix-neuf vingtièmes ne s'étaient battus qu'à regret, cède et se retire en partie. Plusieurs régiments font leur soumission.

Le 29, La Garde et les Suisses continuent jusqu'au soir à se battre avec acharnement; chassés de l'Hôtel-de-Ville, du Palais-Royal et des Tuileries, craintifs d'un second 10 août, heureux de capituler, ils vident Paris que, dans l'état de défense où il a été mis, chercheraient vainement à reprendre cent mille hommes de bonnes troupes, et qui ne voit plus dans son sein que les citoyens qui l'ont défendu de leurs bras, de leurs conseils et de leurs vœux; la patrie est reconquise; la France, délivrée du poids de la cour et de la congrégation qui l'étouffaient, respire; elle est libre, libre de la liberté que son courage et sa modération lui ont octroyée.

Qui a opéré cette œuvre de trois jours, plus pleins et plus compactes que trois siècles? LE PEUPLE! un peuple qui, surpris, marcha tout seul au combat, résista sans armes, vainquit sans chefs, n'abusa point de la victoire, et la trouva si juste et si naturelle (1), qu'il ne songea même pas à s'en enorgueillir. On dirait qu'il savait qu'il n'avait fait qu'accomplir une mission d'en haut. Gloire donc au PEUPLE! Mais comme nous ne sommes pas plus disposés à être ses flatteurs, que nous n'avons été celui des rois, disons ce qu'à Paris et en France il faut entendre par ce mot *peuple*. L'industriel, l'étudiant en mathématiques, en médecine, en droit, le commerçant, le rentier, l'honnête bourgeois, le riche financier, le littérateur, le savant, fondus ensemble dans le sentiment de l'humanité, l'instinct de l'honnête, l'amour de la liberté, le respect pour la justice et pour la loi, sympathisant

---

(1) Si le parti vaincu avait, par impossible, eu le dessus, le sentiment de sa faiblesse et de sa lâcheté l'aurait forcé, pendant vingt ans, à des actes de cruauté. Il aurait décimé la France.

par le bon sens et la raison, le courage et la générosité, y forment un tout presque sans lie, sans populace, y font LE PEUPLE. Et qu'on ne dise pas, pour donner la palme des mémorables journées uniquement aux classes inférieures, qu'elles prirent l'initiative de la mort en s'élançant au-devant des baïonnettes et au milieu de la mitraille; nous répondrons que ceux qui, par une longue et pénible opposition, par le courage civil qu'ils montrèrent dans les élections, les avaient préparées à ce noble dévouement, s'étaient depuis long-temps placés aux avant-postes des échafauds, et que c'est chez eux que le despotisme, s'il eût triomphé, aurait pris ses victimes de choix. Ils le savaient, et ils n'hésitaient pas à mettre en enjeu leur tête, leur fortune et leur position sociale (1).

---

(1) L'auteur (et pourquoi ne parlerait-il pas de lui? *Exemplum ut talpa.*) refusa d'être maire de Vitry-sur-Seine, parce qu'on mettait pour condition qu'il aurait pour adjoint un homme accusé par soixante notables habitants d'avoir présidé la commission qui commanda le massacre des prisonniers de Bicêtre; d'avoir porté au bout d'une pique la cuisse d'un Suisse tué le 10 août; d'avoir jeté à terre les hosties des ciboires, qu'il avait présentés à des ânes pour les y faire boire; de s'être placé le ventre en l'air et les bras étendus sur une croix renversée, en disant aux spectateurs: *Jugez*

Le 30. La France, maîtresse du champ de bataille, était sans roi, sans gouvernement régulier, sans pouvoir législatif complet. Était-elle aussi sans lois et sans charte? C'est ce que nous allons examiner.

1re QUESTION : *Le parjure et l'abdication de Charles X suffirent-ils pour abolir entièrement les lois et la Charte?* Non, incontestablement non. Celui qui déchire un contrat ne peut plus, il est vrai, en invoquer les clauses qui lui étaient avantageuses; mais ceux qui l'ont fidèlement observé, et qui n'en ont point provoqué l'annulation, en retiennent toutes les conditions stipu-

---

de la sotte figure que faisait ce b.....-là. Le général Rapp, à la sollicitation de celui qui écrit cette brochure, demanda à Louis XVIII la révocation de ce misérable; elle lui fut promise : mais la congrégation prévalut; il fut maintenu et il est mort dans sa place. Lorsqu'on reprochait ce scandale aux hommes du gouvernement, ils disaient que c'était pour *mater les libéraux.* De ce refus datent les vexations qu'éprouva l'auteur. En dépit de quinze ans de sollicitations, la pension de retraite fut refusée à ses quarante ans de services honorables. Il trouva dans tous les coins, dans toutes les avenues et dans toutes les issues la congrégation, qui hait surtout les hommes modérés, et qui a aussi pour devise : *Qui n'est pas pour nous est contre nous.* Cette note n'est ni déplacée, ni trop longue, si elle redouble l'horreur pour une cour qui vouait systématiquement la France à tant d'ignominie.

lées à leur avantage. Eh quoi! il aurait suffi à Charles X de vouloir régner en monarque absolu, pour nous faire perdre, par cet acte monstrueux de sa volonté, nos droits à la propriété, à la liberté d'agir et d'écrire, à l'égalité devant la loi, à l'élection de nos députés, à l'octroi du budget, droits reconnus et garantis par la Charte, plus anciens qu'elle et plus sacrés? Autant vaudrait dire qu'en sortant de la France il l'a rendue vacante et sans propriétaire, et qu'il ne nous a pas laissé le droit d'y rester; autant vaudrait dire que le mensonge éteint la vérité, que le parjure annule le droit. Disons donc qu'après les fatales ordonnances, la Charte, pour laquelle Paris se battait, dont la consolidation et l'amélioration étaient l'objet de la mission de nos députés et du vœu de toute la France, n'était point anéantie, et qu'elle était toute vivante, moins les stipulations relatives à celui qui en avait répudié le bénéfice.

Vive la Charte! une charte qui soit une vérité Tels furent les cris des citoyens avant, après la victoire et durant le combat. Dans les révolutions les plus radicales, le peuple conserve toujours ce qui est analogue à ses mœurs et à ses besoins. La preuve que la Charte était un des besoins de la France, c'est que ce ne fut que sa violation qui détermina notre résistance et nos succès.

2e QUESTION : *A qui, après la consommation du parjure, appartenait de maintenir, modifier et compléter la Charte?* Je ne vois que quatre autorités auxquelles ce droit pût être dévolu : 1° la nation entière réunie en assemblées primaires; 2° les corps électoraux; 3° les députés déja nommés; 4° la chambre des pairs. Examinons maintenant auquel de ces quatre pouvoirs la justice, l'utilité et la nécessité voulaient que fussent confiées les nouvelles destinées de la patrie.

La France aurait été submergée dans le provisoire, avant que les assemblées primaires eussent pu être réunies, avant qu'elles se fussent entendues, et qu'elles eussent prononcé. Qui d'ailleurs avait mission de les convoquer, de recueillir les voix, d'empêcher la collision des partis et la scission de la minorité? Ces difficultés surmontées, la guerre civile évitée, vous n'en êtes pas moins dans le gouffre du radicalisme. D'après les doctrines de plusieurs économistes, notamment celles de Montesquieu et de M. J.-B. Say, le droit de propriété est un droit politique (1); mais avec une révolution

(1) Nous avons prouvé que le droit de propriété est un

qui, au dire des personnes qui réclament les assemblées primaires, a tout détruit et recommencé la société, le droit politique avait cessé, et avec celui-ci, le droit de propriété. Armés de tels principes, les fauteurs de troubles tiennent déja en main la chaîne d'arpenteur; et, compensant par la quantité les qualités bonnes, mauvaises et médiocres du sol, faisant de notre belle France trente-quatre millions de lots, ils donnent le sien à chacun. Demandez aux monarchistes et à la congrégation si jamais ils auraient imaginé de souffler au parti constitutionnel un plan qui leur convînt davantage.

Recourir aux assemblées électorales pour consolider et régulariser la révolution, est le second moyen que nous avons indiqué. Mais il offrait, sur une moindre échelle, il est vrai, les mêmes inconvénients que le premier. La grande affaire, dans cette terrible crise, était que la France sût sur quoi compter, et ne flottât pas dans le provisoire. Deux mois auraient à peine suffi pour avoir la décision des corps électoraux; et dans

---

droit *naturel* antérieur au droit politique. Voyez *Rapport de la nature à l'homme, etc.*, tom. III, page 297, et *Principes de littérature, etc.*, tom. III, page 159, depuis l'aphorisme 409 jusqu'à l'aphorisme 418.

ces circonstances imminentes, les mois sont des siècles. Un miracle, sur lequel la politique ne permettait pas de compter, pouvait seul réunir les électeurs dans un même esprit et une même volonté; et pourtant sans cet accord l'état ne pouvait être sauvé. Le recours aux assemblées électorales était même un moyen plus extra-légal que le recours aux assemblées primaires. Dans celles-ci, en effet, si l'on ne veut avoir égard ni à la difficulté ni au danger, est le droit incontestable de se réunir et d'agir. Lorsque le gouvernement est dissous, elles sont tout; elles sont la nation entière, tandis que les corps électoraux, qui n'en forment que des sections, ne pouvaient être légalement convoqués que par l'autorité royale qui n'existait plus.

Les difficultés que nous venons de signaler (et nous voici au troisième moyen de salut proposé), étaient levées du moment qu'on remettait à la chambre des députés le pouvoir de continuer et d'organiser le gouvernement. Ses membres ayant été régulièrement nommés par les corps électoraux, Charles X n'avait pas le droit d'annuler des élections où tout s'était passé conformément à la loi, ne pouvait dissoudre une chambre qui n'était point encore assemblée. Un grand nombre de députés présents à Paris, étaient comme une providence destinée à sauver le vaisseau de l'état. Ceux qui étaient absents pouvaient dans quelques jours être rendus à leur poste. Il n'y avait point de temps à perdre ; tout retard était dangereux. L'ancien gouvernement s'était reconnu et adjugé le *pouvoir constituant*, qu'après son abdication, le droit, l'opportunité, la nécessité, remettaient naturellement à la chambre des députés.

Mais pourquoi, objectera-t-on, ne pas l'avoir conféré à la première des sommités sociales, à la chambre des pairs ? Nous ne dirons pas que lors des violentes commotions qui menacent d'engloutir une nation, on saisit l'autorité plutôt qu'on ne la reçoit, et que MM. les pairs ne s'étaient guère empressés de prendre l'initiative de la gloire et du danger. Nous rappellerons seulement que, dans les vues de ceux qui conspiraient contre nos libertés, et dont les machinations n'avaient point été sans effet, la pairie était aussi un instrument liberticide. Parmi ce grand nombre de pairs dont le génie, les talents, le courage et les vertus honorent la France, avaient été jetées des *fournées* d'hommes nuls, sympathiques à d'odieux et ignobles ministres, et qui avaient fait marché de payer leurs places par l'entière abnégation de tout sentiment honorable, et par leur docilité aux volontés de leurs maîtres; branches parasites et pourries de l'arbre de la pairie, qui l'auraient fait périr si on ne les en eût retranchées.

« Députés, nous tenons notre mandat non de « la royauté, mais du pays (1). » La pairie, émanation royale, avait dû souffrir des fautes et des crimes de la royauté, tandis que, durant la révolution des trois jours, la nécessité de vaincre ayant fait remonter le pouvoir à sa source là où était le nombre et la force, ce pouvoir, lorsque le peuple fut vainqueur, ne pouvant plus rester entre des mains ennemies, revint naturellement à ses délégués.

3e QUESTION. *La chambre des députés, en droit de conserver et de modifier la Charte, avait-elle le droit d'en changer les articles fondamentaux, et de mettre la France en république?* En mettant, si elle l'eût pu, la France en république, la chambre des députés n'aurait point modifié la Charte, elle l'aurait détruite; car la Charte est essentiellement monarchique. La Chambre se serait détruite elle-même; car ses pouvoirs et ses droits sont corrélatifs à ceux du

(1) Discours de M. de Martignac, dans la séance du 17 août.

roi et de la pairie; et ces derniers ébranlés ou retranchés, les siens étaient mutilés et frappés d'impuissance.

4e QUESTION. *Eût-il été expédient que la chambre des députés mît la France en république, lors même qu'elle en aurait eu le droit et le pouvoir?* Un nom vénérable, de jeunes, belles et audacieuses têtes échauffées par d'antiques souvenirs et par d'honorables sentiments, poussaient à la république. Le vétéran, néanmoins, des idées républicaines, subordonnant ses goûts à sa raison, convenait que vu les mœurs et la généralité des opinions, la république était, pour le moment, impossible en France, et que vraisemblablement elle n'y serait jamais réalisable. Comme il est bon et sage de savoir ce en quoi n'est pas regrettable l'objet qu'on aimait et qu'on ne peut posséder, cherchons si la république nous aurait donné, et si nous ne pouvons trouver ailleurs, ce qué lui demandaient tant d'esprits élevés et tant d'ames généreuses.

Et d'abord, pour ne point être dupes des mots, disons ce qu'il faut entendre par le mot *république*. Il signifie communauté d'intérêts, et fait entendre par conséquent que, dans les pays où ce gouvernement est établi, les droits à la propriété, à la liberté, à l'égalité légale, sont assurés sans distinction à tous les citoyens. Mais si je considère l'ancienne Venise, la plupart des cantons suisses, les deux Amériques même (1), j'y vois oppression, inégalité, et le mot en contradiction avec la chose. Autre contradiction, mais dans un sens inverse : Sparte avait deux rois, Sparte où la théorie des idées républicaines fut le plus long-temps et le plus strictement mise à exécution. Il y a république là où il y a liberté ; il y a tyrannie là où l'on en est privé. C'est en vertu d'une certaine liberté dont on a toujours joui en France, que quelques auteurs n'ont pas craint de donner le nom de république à notre ancienne monarchie.

Je conçois l'établissement d'une république dans un pays resserré par d'étroites limites, isolé, ayant peu de besoins et n'étant pas assez riche pour payer un roi; mais vivre sans chef armé d'une puissante autorité dans un territoire qui nourrit trente-quatre millions d'habitants, de mœurs relâchées, peu contenus par les idées religieuses, avides d'argent, d'honneurs et de places, autant j'aimerais être attaché à une ruche irritée à qui on a enlevé sa reine. 93 est d'un souvenir terriblement antirépublicain. Je sais

(1) L'esclavage y est protégé par les lois.

bien qu'on m'objectera les États-Unis d'Amérique; mais je ferai remarquer que leur gouvernement n'est qu'une importation faite de l'Angleterre, et que, les noms à part, il se rapproche de la monarchie représentative. Au reste, sans prétendre à l'esprit de prophétie, je ne crois pas beaucoup m'aventurer en assurant que lorsque les États-Unis contiendront la moitié seulement de la population qu'ils peuvent nourrir, ils seront forcés de concentrer l'action et l'énergie de leur pouvoir exécutif, qui n'aura point toujours ses Washington et ses Cincinnatus, et que cette vaste étendue de pays sera sujette à quelques démembrements, lorsqu'elle sera assez florissante pour tenter quelques ambitieux qui ne manquent jamais d'auxiliaires lorsqu'ils ont les richesses et les honneurs à leur disposition.

Mettons donc à part le mot *république* et attachons-nous à la chose. Le meilleur gouvernement, le plus républicain, si l'on veut, est celui où la propriété, la liberté et l'égalité sont fondées sur des bases plus larges, et plus explicitement et solidement établies. Qu'on se souvienne des sourdes menées de cette congrégation qui avait des affiliés dans toutes les administrations, et qui enveloppait la France entière comme dans un réseau; des machinations de cette cour et de ce ministère antinationaux, ennemis de notre bonheur, de notre gloire et de nos libertés : qu'on songe cependant que malgré leur persévérance et leurs efforts, nous avons, durant les quinze ans qu'a duré leur désastreux pouvoir, joui d'autant de bien-être et de liberté que les pays les plus favorisés. Tant il est impossible, dans un gouvernement constitutionnel, d'opprimer entièrement un peuple, lorsque les rouages politiques ne sont pas brisés. Je ne suis donc pas étonné de l'opinion du libre et loyal Lafayette, qui, en saisissant le bras du duc d'Orléans, a dit : « Voilà le prince qu'il me fal-« lait. C'est la meilleure des républiques (1). » Je n'ai pas trouvé moins vraies et moins naturelles les paroles d'un des plus persévérants et des plus habiles défenseurs de nos libertés (2) : « Nous voulons une dynastie nationale, et nous « l'avons; nous voulons un gouvernement natio-« nal, et nous l'avons; nous l'aurons encore « plus dans les institutions qui sont proposées. » En revenant sur le sens étymologique du mot *république*, on voit qu'il n'y a point de terme

(1) Séance de la chambre des députés du 7 août.

(2) M. Benjamin Constant, séance de la chambre des députés du 19 août.

plus synonyme de *républicain* que le mot *national*. « Une monarchie peut être libre, et beaucoup plus libre qu'une république (1). »

Le sauvage ne jouit que d'une vie individuelle; le citoyen jouit d'une vie individuelle et d'une vie commune. Il me semble que la république s'éparpille et diverge vers la vie individuelle, tandis que la monarchie constitutionnelle converge vers un centre d'unité. Dans la première, il n'y a pas de foyer pour réfléchir l'action des individus; dans la seconde, chaque citoyen reçoit un reflet de la grandeur et de la dignité du chef. Je me hasarderai à dire que, dans la république, il y a plus d'égoïsme, et dans la monarchie représentative plus de sociabilité et d'humanité. De longues et consciencieuses réflexions m'ont amené à penser que ce dernier gouvernement est le gouvernement *naturel* (2); celui, par conséquent, où l'on trouve

(1) Discours de M. de Châteaubriand, dans la séance de la chambre des pairs du 19 août. L'illustre pair avait dit un peu auparavant, que « la république représentative est peut-« être l'état futur du monde »; ce qui nous semble former une légère contradiction avec les paroles que nous avons citées.

(2) Cette opinion est développée dans le *Traité de philosophie psycho-physiologique*, qui est maintenant sous presse chez Firmin Didot, et qui paraîtra incessamment.

la plus grande somme de bonheur et de liberté.

5e QUESTION : *La chambre des députés qui n'était pas en droit, et pour qui il n'était pas opportun de proclamer la république, avait-elle le pouvoir de nommer un roi?* Du droit de conserver et de compléter la Charte dérive celui de nommer un roi, puisque la Charte est essentiellement monarchique. Remettre cette nomination aux assemblées primaires, ou aux corps électoraux, était se jeter dans les inconvénients que nous avons signalés plus haut. Le devoir des députés était de sortir la France de l'état d'oscillation dans lequel elle se trouvait, et de l'affermir sur des bases inébranlables, ce qui ne pouvait avoir lieu que par la nomination d'un roi.

Nous n'avons pu concevoir, en nous gardant néanmoins de le blâmer, le scrupule de certains députés qui ont donné leur démission, se fondant sur ce qu'ils n'avaient point reçu de mandat pour faire un roi; comme s'il était d'usage, comme s'il était possible qu'on donnât à des députés élus dans quatre-vingt-six localités différentes, des mandats spéciaux; comme si pour tous les élus n'était point un mandat unique, celui que renferme le serment qu'ils prêtent en entrant en fonctions, *d'être fidèles au*

Roi, à la Charte constitutionnelle, et de se conduire en bons et loyaux députés. Pouvaient-ils être fidèles à un roi coupable et démissionnaire? à la Charte, sans lui rendre le pouvoir déchu qui s'en était retranché? se conduire en bons et loyaux députés sans sauver la France en la tirant du provisoire par la nomination d'un chef?

La souveraineté, nous le savons, n'appartient pas à la chambre des députés; elle réside dans la volonté droite et juste de la nation, statuant sur les intérêts et le bien-être de tous ou du plus grand nombre. Mais la manifestation et les effets de cette volonté ne peuvent avoir lieu que par délégation. La nation approuve explicitement dans les assemblées primaires les actes de ses mandataires, ou implicitement par son acquiescement silencieux. Lorsque la presse est libre, que le droit de pétition n'est pas restreint, que les villes peuvent envoyer des adresses et des députations, mille voix et mille échos sont donnés à la manifestation de l'opinion générale. Et voyez avec quelle unanimité, avec quelles acclamations a été accueilli et sanctionné le mandat que s'était donné la chambre des députés de sauver la France en nommant roi le duc d'Orléans!

6e QUESTION : *Qui, la chambre des députés ayant droit de nommer un roi, devait-elle élire, de Napoléon II, du duc de Bordeaux ou du duc d'Orléans?* Nous voici sur un terrain occupé par un athlète puissant, dont nous estimons encore plus les nobles sentiments que nous n'admirons son génie et son immense talent d'écrivain. M. de Châteaubriand a, ainsi que nous, trouvé la question dominée par le principe de la légitimité, dogme de l'ancienne école théologico-philosophique, qu'il a traité et renversé sans ménagement : « Je ne crois pas au droit divin de « la royauté, et je crois à la puissance des révo- « lutions et des faits... La monarchie ne peut être « aujourd'hui qu'une monarchie de consente- « ment et de raison... L'idolâtrie du nom est abo- « lie; la monarchie n'est plus une religion, c'est « une forme préférable dans ce moment à toute « autre, parce qu'elle fait mieux entrer l'ordre « dans la liberté (1). »

Après ces belles paroles nous osons citer, non sans honte, ce que nous écrivions sur ce même sujet en 1822 : « En Dieu seul la force est droit, « parce qu'elle y est, et dans son origine et dans « sa fin, ordre, rapport, bien-être universels. « Dieu ne peut abuser : l'homme, au contraire,

(1) Discours de M. de Châteaubriand, dans la séance de la chambre des pairs du 19 août.

« les nations et leurs chefs se laissent quelquefois « égarer par leurs passions, et refusent d'obéir « aux lois imposées à tout ce qui existe. Ces frêles « volontés lutteront-elles avec succès contre les « volontés divines? Non : l'abus du libre arbitre sera puni, l'injustice sera réprimée; et, par l'ac- « tion d'une providence toute-puissante, les dé- « sordres partiels, coupables quant à leurs au- « teurs, utiles quant à leurs résultats, seront « emportés dans la sphère d'activité générale, « et serviront à rajeunir et à conserver l'ordre « sans cesse renaissant des êtres, de leurs rap- « ports et de leurs modifications (1)... Dieu veut « qu'il y ait des rois et des peuples, mais non tels « rois et tels peuples. Si autres eussent été ses « intentions, il eût fait des familles et des peuples « éternels : il n'en est point ainsi; les enfants de « Lycurgue et de Romulus, la race des Titus et « des Antonin ont disparu de la face de la « terre (2).... Dieu a voulu que des pouvoirs et « des propriétés illégitimes dans leur source, « fussent ensuite possédés légitimement, parce « que, sans ces dispositions, n'existeraient point

(1) *Rapport de la nature à l'homme, etc.*, tom. III, page 139.

(2) *Ibid.*, p. 142.

« les individus et les sociétés qui, ayant troublé « l'ordre et renversé le droit par leurs passions, « ne peuvent néanmoins se passer ni de chefs ni « de propriétés légitimes (1). »

La légitimité passant donc d'une famille à une autre famille, et le droit de naître maître et propriétaire d'un peuple, et de le commander de *maillot en maillot* par une transmission divine, étant reconnu chimérique et nul, il ne faut le chercher et on ne le trouve que dans l'utilité générale, et dans la nécessité où est une grande nation d'éviter l'anarchie en se donnant un chef. « Je propose le duc de Bordeaux comme une « nécessité d'un meilleur aloi que celle dont on « argumente (2). » Il ne s'agit donc plus que de savoir lequel du duc de Bordeaux roi, du duc de Reischtadt roi, ou du duc d'Orléans roi, offrait plus de chances et de garanties à la liberté, à la tranquillité et à la prospérité de la France; liberté, tranquillité et prospérité seules légitimations des gouvernements. Nous allons nous livrer à cet examen. Mais il se présente une question

---

(1) *Rapport de la nature à l'homme, etc.*, tome III, page 145.

(2) Discours de M. de Châteaubriand, dans la séance de la chambre des pairs du 19 août.

préjudicielle, de la solution de laquelle dépend en partie la solution de la question primitive: *Le duc de Bordeaux est-il véritablement fils de madame la duchesse de Berry? Sa naissance n'est-elle pas une supposition et une soustraction manifeste de l'état d'autrui?* Paris presque entier a répondu qu'il y avait supposition, et n'a vu dans cet enfantement posthume que la combinaison machiavélique d'une faction hypocrite, qui poussait jusqu'à la rage ses passions politiques, et qui avait besoin de perpétuer son pouvoir et notre oppression sous l'égide de la perpétuité des héritiers des Bourbons. Telle a toujours été, telle est encore aujourd'hui notre manière de voir, indépendante de tout autre intérêt que celui de la vérité. Voici les preuves, les unes positives, les autres morales, qui ont entraîné notre conviction.

Les circonstances qui précédèrent et suivirent l'accouchement, car on n'a point parlé de celles qui l'accompagnèrent, telles qu'elles sont racontées par les journaux officieux et officiels de l'époque, offrent un tissu continuel d'inconvenances et d'invraisemblances, et la fraude y perce et se dévoile à travers l'excès des précautions minutieuses prises pour en écarter l'idée. Il n'est point de médecin, d'accoucheur, de sage-femme, qui n'ait secoué la tête et haussé les épaules en en lisant le procès-verbal. Il n'est point d'homme de bon sens qui ait pu retenir un sourire, en voyant une princesse sans garde éveillée et sans lumière à l'heure d'un accouchement dès long-temps prévu; qui n'ait demandé pourquoi n'ont point été appelées et n'étaient point présentes les personnes intéressées à vérifier la réalité de l'accouchement et le sexe du nouveau-né. Et ce bon garde national qui voit, voit de ses propres yeux, le cordon ombilical tenant d'un bout à l'enfant, et qui juge par induction que sous la couverture il tient à la mère par l'autre bout! Demandez-lui plutôt, et refusez-vous, si vous le pouvez, à de telles preuves plus claires que la lumière du jour!

Quelque temps après l'accouchement, M. le duc d'Orléans fit insérer dans les papiers anglais sa protestation que, depuis la révolution, quelques journaux français ont aussi publiée. Il y promet de donner, lorsque besoin en sera, les preuves de la supposition. De hautes considérations, sans doute, ce qu'il doit aux liens qui l'unissent à une *trop faible* (1) parente, l'idée qu'en revendiquant ses droits à l'héritage des Bourbons, on pût croire qu'il voulût fonder sa

(1) Ainsi s'exprime la protestation.

légitimité sur un autre titre que sur les besoins et l'amour des Français, l'ont sans doute empêché de publier ces preuves, et l'ont engagé à les réserver pour des communications confidentielles avec les cours étrangères. Quoi qu'il en soit, ne voulant croire ni condamner à la légère, voici les notes que nous avons extraites du Moniteur pour l'acquit de notre conscience.

Le 13 février 1820, le journal officiel annonce que, ce jour, a été assassiné Mgr. le duc de Berry.

Dix jours après, le 23 du même mois, il donne l'extrait de l'ordre du jour suivant : « Français ! « pleurons sur la patrie qui a pu nourrir dans « son sein de tels scélérats. Cuirassiers de Berry ! « rejetons sur le gage précieux que la Providence « nous réserve PEUT-ÊTRE encore, le respec- « tueux amour qui nous animait pour son au- « guste père. Versons tout notre sang, s'il le « faut, pour venger l'un et défendre l'autre ; et « répétons ce cri de l'honneur et de la fidélité : « Vive le roi ! vivent à jamais les Bourbons ! »

Deux jours après, le 25, le même journal donne l'adresse ci-jointe de la cour royale de Besançon : « Ah ! Sire, après le malheur qui les « prive d'un fils tendrement chéri, puisse « BIENTOT l'auguste enfant que porte dans son « sein S. A. R. madame la duchesse de Berry,

« donner à votre majesté un digne héritier des « nobles vertus de son père, et un gage assuré « pour la France entière ! »

Le lendemain 26, le journal officiel donne l'adresse qui suit du corps municipal de Versailles : « Puisse le ciel en accordant à nos vœux « le rejeton que l'auguste princesse porte dans « son sein, verser quelque adoucissement sur la « douleur de votre majesté, sur celle de votre ville « fidèle ! »

Le Moniteur reste muet pendant trois mois et trois jours, et ce n'est que le 16 mai qu'il donne l'avis suivant : « S. A R. madame la du- « chesse de Berry est entrée dans le cinquième « mois de sa grossesse. La santé de S. A. R. con- « tinue à être fort bonne. »

D'après le texte officiel de cette dernière annonce, il conste que lorsque le duc de Berry fut assassiné, son épouse était grosse de plus de deux mois. Nous le demandons à tout-homme de bonne foi si, dans la supposition de la réalité de la grossesse, ce jour où la cruelle catastrophe eut lieu, après le premier cri de douleur, ne se serait point fait entendre le premier cri d'espérance : « Un forfait affreux nous a ravi un prince « adoré ; pleurons, mais ne nous laissons pas al- « ler à l'excès de la douleur ; madame la duchesse

« de Berry porte dans son sein un gage de son « amour; la Providence nous promet un digne « héritier des vertus de son père. » Voilà ce qui aurait retenti aussitôt dans toute la France, si la grossesse n'eût été inventée après coup. Mais le Moniteur ne s'empressa pas de nous consoler, et ce ne fut que dix jours après, que le colonel des cuirassiers de Berry lui apprit, ainsi qu'à nous, que madame la duchesse de Berry était PEUT-ÊTRE grosse! Deux jours après, la cour royale de Besançon change cet inconcevable *peut-être* en une assertion positive; et, un jour plus tard, la fidèle ville de Versailles trouve dans la certitude de la grossesse un grand adoucissement à sa douleur. Je laisse chacun apprécier à sa manière ces adresses de commande et ces regrets et ces félicitations officielles. Quoi qu'on fasse, on ne peut s'empêcher de penser que la faction qui dominait à la cour, craignant pour l'avenir de son crédit et de sa puissance, et atterrée par le coup qui frappa le prince, eut besoin de quelques jours pour se remettre, combiner les incidents et arranger les ressorts de sa fable.

J'ai, sur le fait dont il s'agit, des renseignements que je tiens pour irrécusables. Ils viennent d'un homme d'honneur incapable de mensonge, jouissant d'une excellente réputation, et médecin en chef d'un hospice de Paris. Je pourrais le nommer, s'il était nécessaire, puisque ce qu'il m'a dit il l'a répété devant une nombreuse et honorable compagnie. Étant membre d'une société de médecine, il fut nommé, la veille de l'assassinat du duc de Berry, commissaire chargé de faire certaines communications à M. Portal, premier médecin du roi. Il se rendit chez lui le lendemain de l'horrible événement, et il y trouva M. Deneux, accoucheur de madame la duchesse de Berry. Il déplora, comme il était naturel, la funeste catastrophe : «D'autant plus funeste, répliqua M. Portal, qu'il est malheureusement positif que la princesse n'est pas grosse, ainsi que vient de me le dire M. Deneux que voilà.»

Sans me prévaloir du jugement que rendraient les tribunaux, si le procès en supposition était appelé devant eux; sans reporter sur le duc d'Orléans les droits usurpés par un étranger, et lui restituer une légitimité de naissance qui ne vaut pas sa légitimité politique, je resterai dans le cercle de l'argumentation qu'a tracé M. de Châteaubriand, et je me bornerai à examiner s'il est plus utile à la France d'avoir pour roi le duc d'Orléans ou le duc de Bordeaux. Je ne dissimulerai aucun des raisonnements de l'illustre orateur; et si l'issue de la lutte dans laquelle je m'engage n'est pas jugée trop inégale, ce sera parce qu'une éloquence même miraculeuse ne peut prévaloir sur la justice et la vérité.

« J'irais m'occuper de ce qu'il faut ajouter ou « retrancher aux mâts d'un navire dont le gou-« vernail est arraché. » Le gouvernail est tombé de son propre poids, de pourriture et de vétusté, par l'incurie, la mauvaise foi et l'inhabileté du pilote.

« Dans quelques mille ans, votre postérité « pourra voir un autre Napoléon; quant à vous, « ne l'attendez pas. » Ce n'est point de tels hommes que notre époque a besoin, mais d'hommes sages et fermes, également amis de l'ordre et de la liberté; ceux-là ne nous manqueront pas.

« Fille de nos malheurs et esclave de notre « gloire, la liberté de la presse ne vit en sûreté « que dans un gouvernement dont les racines « sont déjà profondes. » Celles de la dynastie de la branche aînée des Bourbons ne tenaient plus au sol. Leur voyage de Rambouillet à Cherbourg a donné lieu à la manifestation d'une indifférence pleine d'un ressentiment méprisant et concentré, dont l'histoire n'offre aucun autre exemple. Une population immense est accourue à leur passage; elle ne les a ni hués ni pleurés.

Bien plus, ils étaient antipathiques aux peuples de l'Europe : l'Angleterre n'a-t-elle pas salué leur apparition sur ses côtes, en faisant briller à leurs regards le signe tricolore ? Et c'est au petit-fils contesté et plus qu'équivoque de cette race mort-vivante, qu'auraient été confiées les destinées de notre patrie ? C'eût alors été le cas de dire avec l'illustre pair, en changeant un mot de sa phrase : « Une *tutelle*, bâtarde d'une nuit « sanglante, n'aurait-elle rien à redouter de l'in- « dépendance des opinions ? »

« Étrangers, qui deux fois êtes entrés à Paris « sans résistance, sachez la vraie cause de vos « succès : vous vous présentiez au nom du pou- « voir légal. » Nous croyons ceci historiquement faux. Lorsque les étrangers marchèrent sur Paris, ils n'étaient rien moins que décidés à rétablir les Bourbons. La Russie et l'Autriche ne leur étaient rien moins que favorables, et leur rétablissement fut dû à des intrigues et à des considérations particulières.

« Cet orphelin... *aurait pu devenir* un roi en « rapport avec les besoins de l'avenir. » Nous ne disons pas que Philippe Ier *pourra devenir*, nous disons qu'il est et qu'il sera un roi en rapport avec les besoins de la France.

« Dire que cet enfant séparé de ses maîtres

« n'aura pas le temps d'oublier jusqu'à leurs « noms avant de devenir homme ; dire qu'il de« meurera infatué de certains dogmes de nais« sance, après une longue éducation populaire, « après la terrible leçon qui a précipité deux « rois en deux nuits, est-ce bien raisonnable ? » Dire qu'un enfant qui a été pendant dix ans entre les mains d'un prêtre habile et ambitieux, qui l'a rempli d'idées sacerdotales, et façonné aux pratiques du bigotisme ; à qui on n'a cessé de prêcher et d'inculquer le dogme de la légitimité divine ; à qui l'idolâtrie d'une cour servile a persuadé qu'il était plus qu'un homme : dire que cet enfant perdra jusqu'au nom de ses maîtres ; qu'il oubliera les leçons qui justifiaient son orgueil, et les dogmes qui en faisaient une espèce de Dieu sur la terre ; qu'il prendra *l'amour du gouvernement constitutionnel et les idées de son siècle ;* que le souvenir des nuits de juillet le rendra plus patriote, et non plus circonspect et plus haineux ; est-ce bien connaître la marche du cœur humain ? *est-ce bien raisonnable ?*

« Je sais qu'en éloignant cet enfant, on veut « établir le principe de la souveraineté du peu« ple : niaiserie de l'ancienne école, qui prouve « que, sous le rapport politique, nos vieux dé-

« mocrates n'ont pas fait plus de progrès que « les vétérans de la royauté. Il n'y a de souve- « raineté absolue nulle part ; la liberté ne dé- « coule pas du droit politique, comme on le « supposait au dix-huitième siècle ; elle vient du « droit naturel, ce qui fait qu'elle existe dans « toutes les formes de gouvernement. »

Je ne relèverai pas l'étrange assertion, que la liberté existe sous toutes les formes de gouvernement ; je me contenterai de poser quelques propositions qui me semblent incontestables. Le droit politique ne peut dériver que du peuple ou de ses délégués ; le droit politique est fondé sur le droit naturel ; le droit politique et le droit naturel constituent la souveraineté ; le droit politique et le droit naturel sont force et raison qui se trouvent dans le peuple agissant par ses mandataires, et statuant sur le bien-être de tous. La souveraineté, la force, et le droit, sont donc dans le peuple (1).

« Vous choisissez un roi aujourd'hui : qui vous « empêchera d'en choisir un autre demain ? » Le besoin de bonheur et de stabilité, et nos pro-

---

(1) Nous avons développé nos idées sur la souveraineté dans un Traité de philosophie qui paraîtra sous peu de jours.

pres résolutions, par lesquelles nous nous sommes liés jusqu'aux exigences rigoureuses d'une invincible nécessité.

« Nous ne voulons plus de la branche aînée « des Bourbons. Et pourquoi n'en voulez-vous « plus ? Parce que nous sommes victorieux. » Nous n'en voulons plus, parce qu'ils ont violé leurs serments, trahi le pacte social, et mitraillé ou laissé mitrailler le peuple.

« Vous proclamez la souveraineté de la force. » De la force unie au droit et à la modération.

« Je reconnais au malheur toute sorte de « puissances, excepté de me délier de mes ser-« ments de fidélité. » Je conçois que les personnes qui croient au droit divin de la royauté, refusent leur serment de fidélité au nouveau gouvernement ; mais je ne puis le comprendre de celles qui pensent que la nécessité et l'utilité des peuples font la légitimité des rois. En se conduisant ainsi elles satisfont, il est vrai, leur dignité de gentilshommes et d'hommes ; de gentilshommes, en se sacrifiant aux principes de leur caste ; d'hommes, en conservant leur culte à d'illustres infortunes ; mais je doute qu'en ce cas elles remplissent leurs devoirs de citoyens. Une défense expresse de la Divinité peut seule autoriser qui que ce soit à refuser ses services à la patrie qui les réclame. Dans les difficiles circonstances d'où nous venons de sortir, la conduite de M. le duc de Fitz-James me semble un modèle de civisme et de fidélité; il a rendu, de la manière la plus touchante, ce qu'il devait à ses anciens maîtres, sans refuser ses services à la patrie. Nous faisons des vœux pour que M. de Châteaubriand et ses amis soient amenés à penser qu'il ne leur est pas permis de refuser leur coopération au bien qui se prépare, et pour qu'un noble et généreux scrupule les ramène aux affaires, qui se trouveraient si bien de leur direction.

« Je ne vois de vacant qu'un tombeau à Saint-« Denis, et non pas un trône. » Nous avons vu que le trône était vacant, et qu'il a été dignement rempli par l'autorité compétente. Quant au tombeau de Saint-Denis, la France entière fait des vœux pour que la Providence le laisse vacant pendant de longues, bien longues années. *Domine salvum fac Regem!* Il revit et nous sera conservé dans une belle et nombreuse race.

D'après ce qui précède, le lecteur trouvera peut-être oiseux ce que j'aurai à dire des prétentions qu'on pourrait élever en faveur du duc de Reischtadt. Je doute que si en France on allait aux voix, il en obtînt une sur cinq cent mille. Plus de la moitié du petit nombre de celles qui se firent entendre dans les trois journées, furent le produit de la tactique des congréganistes, dont le jeu est de diviser, et le vœu la guerre civile. Nous n'avons, certes, pas oublié de quel père il est le fils, mais nous nous souvenons aussi que cet homme prodigieux a noyé nos libertés dans sa gloire militaire; nous savons que les enfants héritent rarement du génie de leurs pères; que sa mère fit divorce avec la France en fuyant devant la régence qui l'appelait; qu'elle n'a pas compris la dignité de son veuvage, et qu'elle a changé contre un autre nom un nom qui n'a point d'équivalent. Nous savons à quelle école le fils a été élevé, et quel est son parentage. Supposez-le roi de France, derrière nos gardes nationales et les rangs des soldats français qui le garderont, nous croirons toujours voir reluire les baïonnettes autrichiennes.

Le duc d'Orléans est des nôtres, il a bivouaqué avec nous, porté à son chapeau la cocarde tricolore, et entendu le canon de Fleurus et de Jemmapes. Dans son exil il a conservé sa dignité d'homme, et gagné et non mendié le pain de l'étranger. De retour en France, suspect à une cour ennemie, on ne put l'empêcher de conserver des sentiments français dans l'obscurité du bonheur domestique. Son palais fut l'asile des beaux-arts et de la gloire de la république et de l'empire proscrits par des Vandales titrés. Il n'a rien à changer en lui pour être bon, honnête homme et citoyen; ses intérêts sont les nôtres; nos intérêts sont les siens; il sait que sa couronne ne lui est pas tombée du ciel, mais qu'elle lui a été décernée par la volonté de la nation; que les engagements qu'il a contractés sont synallagmatiques, et que le bonheur, la gloire et la stabilité de sa famille dépendent du bonheur, de la gloire et de la stabilité de la France.

FIN.

TABLE DES MATIÈRES.